Fiestas

Día de Acción de Gracias

por Rebecca Pettiford

Ideas para padres y maestros

Bullfrog Books permite a los niños practicar la lectura de texto informacional desde el nivel principiante. Repeticiones, palabras conocidas y descripciones en las imágenes ayudan a los lectores principiantes.

Antes de leer

- Hablen acerca de las fotografías. ¿Qué representan para ellos?
- Consulten juntos el glosario de fotografías. Lean las palabras y hablen de ellas.

Lean en libro

- "Caminen" a través del libro y observen las fotografías. Deje que el niño haga preguntas. Señale las descripciones en las imágenes.
- Lea el libro al niño, o deje que él o ella lo lea independientemente.

Después de leer

- Inspire a que el niño piense más. Pregunte: ¿Tu familia celebra el Día de Acción de Gracias? ¿Qué tipo de cosas ves cuando es el Día de Acción de Gracias?

Bullfrog Books are published by Jump!
5357 Penn Avenue South
Minneapolis, MN 55419
www.jumplibrary.com

Library of Congress Cataloging-in-Publication Data

Pettiford, Rebecca.
[Thanksgiving. English]
Día de Acción de Gracias / por Rebecca Pettiford.
    pages cm. — (Fiestas)
Includes index.
ISBN 978-1-62031-240-7 (hardcover: alk. paper) —
ISBN 978-1-62496-327-8 (ebook)
1. Thanksgiving Day—Juvenile literature. I. Title.
GT4975.P4818 2016
394.2649—dc23
                                    2015003251

Editor: Jenny Fretland VanVoorst
Series Designer: Ellen Huber
Book Designer: Michelle Sonnek
Photo Researcher: Michelle Sonnek
Translator: RAM Translations

Photo Credits: All photos by Shutterstock except: age fotostock, 15; Alamy, 8–9, 13, 23tr, 23bl, 23br; Corbis, 20–21; iStock, 4, 5, 10–11, 13, 14–15, 22bl, 23tl; Thinkstock, 12, 19, 22br, 24.

Printed in the United States of America at Corporate Graphics in North Mankato, Minnesota.

Tabla de contenido

¿Qué es el Día de Acción de Gracias?

El Día de Acción de Gracias es una fiesta americana.

Es en noviembre.

El cuarto jueves del mes.

¿Qué hacemos?

Nuestra familia se junta y recordamos el primer Día de Acción de Gracias.

7

peregrinos

gente nativa

Fue hace mucho tiempo.

¿Quién estaba ahí?

Peregrinos y
gente nativa.

Comieron un
gran festín.

Hacemos mucha comida.

¡Mmm!

¿Qué huele tan rico?

¡Pavo!

Vemos un desfile en la tele.

¡Mira! ¡Flotan!

Luisa pone la mesa.
¡Mira! Los colores
del otoño.

Es la hora de comer.

Nos sentamos
en la mesa.

Damos gracias
por nuestra famila.

Papá sirve el pavo.

A Tomás le gusta el maíz.

A Yolanda le gusta
el pastel de calabaza.

Estamos llenos.

Tomamos una siesta.

¡Feliz Día de Acción
de Gracias!

Símbolos del Día de Acción de Gracias

familia

pavo

comedor

pastel de calabaza

Glosario con fotografías

festín
Una gran comida
que la gente
come en honor
a un día especial
o evento.

gente nativa
Gente que
nació en el país
en donde vive.

flotador
Un objeto
pegado a un
camión para
mostrarlo
en un desfile.

peregrinos
Gente que
se mudó de
un lugar a
otro y ahora
vive ahí.

Índice

Para aprender más

Aprender más es tan fácil como 1, 2, 3.

1) Visite www.factsurfer.com

2) Escriba "gracias" en la caja de búsqueda.

3) Haga clic en el botón "Surf" para obtener una lista
de sitios web.

Con factsurfer.com, más información está a solo un clic de distancia.